Kouassi Joachim N'Guessan

LES TROIS ASPECTS DE DIEU

Kouassi Joachim N'Guessan

LES TROIS ASPECTS DE DIEU

Éditions Croix du Salut

Imprint

Any brand names and product names mentioned in this book are subject to trademark, brand or patent protection and are trademarks or registered trademarks of their respective holders. The use of brand names, product names, common names, trade names, product descriptions etc. even without a particular marking in this work is in no way to be construed to mean that such names may be regarded as unrestricted in respect of trademark and brand protection legislation and could thus be used by anyone.

Cover image: www.ingimage.com

Publisher:
Éditions Croix du Salut
is a trademark of
Dodo Books Indian Ocean Ltd. and OmniScriptum S.R.L publishing group

120 High Road, East Finchley, London, N2 9ED, United Kingdom
Str. Armeneasca 28/1, office 1, Chisinau MD-2012, Republic of Moldova, Europe
Printed at: see last page
ISBN: 978-620-6-17007-5

<u>AVANT–PROPOS</u>

Ce manuel est un recueil composé de quatre livres. Les titres de chaque livre sont énoncés par des parties et chaque partie comprendra trois chapitres. Ainsi, les chapitres et certaines de leurs sous-divisions apparaissent comme l'organisation pour regrouper la partie d'un livre.

Partie I: La main d'un guide
Ici, il est question du dirigeant. Ce manuel nous présente comment Dieu arrive à diriger sa création par sa puissance, sa connaissance et son amour. Il est de même pour tous ceux qui sont appelés à conduire une personne, un groupe, une nation et bien plus de rechercher et d'avoir la puissance, la connaissance et l'amour de Dieu, pour mieux accomplir leur devoir.

Partie II: La faiblesse de Dieu
A ce niveau, Dieu est présenté comme le seul parfait en amour. C'est son amour pour nous qui fait sa faiblesse.

Partie III: La personnification de Dieu

Dieu possède trois parties ; à savoir : Dieu le Père, Dieu le Fils et Dieu le Saint-Esprit. Il nous a créés selon son image et sa ressemblance.

Partie IV: Aspirez au Saint-Esprit Commencer une œuvre sans le Saint-Esprit, c'est bâtir une maison sans propriétaire. Ce point de vue montre que le Saint-Esprit est important dans notre vie et sans lui, nous ne pouvons rien réaliser de grand. Il est temps de le connaître, de le recevoir, et de connaître sa mission dans notre vie. Ne le pousse pas ; accepte-lui ; familiarise-toi avec lui, et reçoit les promesses de Dieu dans ta vie. Et là, cet ouvrage arrive à propos.

La version de la Bible utilisée dans les références est celle de la Bible Thompson, Louis Segond révisée, dite à la Colombe et d'Ostervald révisée, édition de 1996.

Table des matières

<u>**Chapitre I:**</u> LA PUISSANCE

Pour conduire ou diriger une personne, un peuple, une nation et des nations, il faut avoir la puissance en premier lieu. C'est pourquoi le Seigneur Jésus-Christ a dit à ses disciples de ne pas s'éloigner de Jérusalem, mais d'attendre le Saint-Esprit; car ils vont recevoir une puissance, lorsque le Saint-Esprit va survenir sur leur vie.

Les disciples devaient annoncer celui qui n'a pas été accepté par ses siens à toutes les nations. Pour qu'on puisse les croire, il faudrait qu'ils reçoivent une puissance pour amener ceux qui les écouteront à croire en leur message.

La puissance authentifie l'autorité du conducteur. Aussi, elle impose le respect du dirigeant à son peuple. Dans une assemblée, tout le monde ne peut pas obéir à leur guide au même rythme; mais ils le font à cause de sa puissance. En plus, dans une nation, ceux qui insultent leur président sont plus nombreux. Par contre, ils sont les premiers à obéir à ses ordres. Pourquoi? Parce qu'il est puissant et il a le droit de faire mourir et de faire vivre.

I.   L'autorité et sa puissance

Là où il y a un trône, il y a une autorité; il y a aussi une vocation. Et une puissance sort du trône pour initier celui qui est établi sur ce trône.

1.   Les serviteurs et servantes de Dieu

Sur la terre, les serviteurs et les servantes de Dieu sont les premières autorités établies sur les autorités. Dieu leur transmet sa puissance et son pouvoir afin d'accomplir sa volonté sur la terre. Ils ont la puissance de pardonner les fautes, de fermer et d'ouvrir toutes sortes de porte, de condamner et de libérer, de tuer et de faire revivre.

2. Le roi ou le chef

C'est le dirigeant d'un village ou d'une nation . C'est une autorité établie par Dieu. Il a la puissance de prendre des décisions et de donner des ordres. Il peut faire mourir et vivre.

3. Les ministres

Le ministre est une personne établie par un supérieur pour exécuter ses ordres. Cela fait de lui un être puissant.

4. Les ambassadeurs

Un ambassadeur est un serviteur qui représente son maître dans un endroit. En ce lieu, il peut appliquer la puissance de son maître.

5. Le député

Le député, c'est un envoyé chargé de remplir une mission d'un peuple, d'une nation. Un envoyé reçoit toujours la puissance de sa mission.

6. Le Maire

C'est l'officier municipal d'une commune qui a la puissance d'établir l'ordre.

7. Le préfet et le sous préfet

Le préfet représente le chef d'une nation dans un endroit ou dans une région. C'est une autorité qui exécute le pouvoir de son supérieur dans une région. Aussi, le préfet communique sa puissance au sous-préfet dans le département qu'il occupe.

8. Le juge

Le juge à la puissance de condamner et de libérer une personne sur qui il exerce son pouvoir.

9. Les avocats

L' avocat a la puissance de défendre et de résoudre les problèmes des innocents pour les empêcher d'être condamné par le juge. La parole de connaissance est le symbole de la puissance de l'avocat.

10. Les soldats

Un soldat à la puissance de sécuriser et de défendre une personne, un peuple et une nation. L'épée est le symbole de sa puissance.

11. Les enseignants

Le ministère de l'enseignement est une vocation. L'enseignant est une autorité qui a la puissance d'éducateur, de corriger, de redresser, de former et d'instruire une personne, un peuple, une nation et des continents. Cette puissance peut lui permettre de tuer ou de faire vivre sur qui il exerce son pouvoir. Leur puissance est symbolisée par la chicotte, le bic et la parole.

12. Le père et la mère

Le père

C'est notre autorité sur la terre. Ils ont la puissance d'engendrer une descendance.

II.   Les types de puissance

Avant le départ de Moïse chez pharaon, Dieu lui avait donné la puissance. Sa mission consiste à faire sortir le peuple d'Israël hors d'Égypte. Mais il s'opposa à Dieu parce qu'il affirme que les enfants d'Israël ne vont point l'écouter sa voix. Et ils diront que Dieu ne l'a pas envoyé. C'est pourquoi Dieu lui a donné la puissance.

Il existe trois types de puissance ; à savoir :

1.   La puissance d'opposition

La puissance d'opposition c'est la puissance qui permet de résister à une autre puissance. Elle permet de mesurer ou de défier une autorité établie dans le but de savoir si on est supérieur à lui ou pas. Ainsi, on peut se mesurer à quelqu'un par la puissance, la richesse, la sagesse, la force, l'honneur, la gloire, et la louange.

La puissance d'opposition permet de se défendre, de soutenir, d'empêcher, de protéger quelqu'un contre une agression.

Il a fallu qu'une autre puissance repousse l'autorité de pharaon pour faire sortir le peuple d'Israël.

2.   La puissance d'attaque

La puissance d'attaque exécute l'ordre de la puissance d'opposition. On s'oppose toujours pour avoir quelque chose. Dieu donne la puissance d'opposition à tout le monde; mais pas la puissance d'attaque.

Cette puissance force la main de l'adversaire pour renoncer à ses décisions prises.

3.   La puissance d'alliance la puissance d'alliance

C'est la toute dernière puissance. Elle supprime la puissance de son adversaire par le sacrifice de celui qui l'a possède et pousse l'adversaire à s'unir au vainqueur.

Cette puissance s'applique par le sacrifice.

Il a fallu le sacrifice pour que pharaon décide de laisser partir le peuple d'Israël. Aussi, grâce au sacrifice de Jésus, la mort et les accusations de Satan n'ont plus le pouvoir sur ceux qui l'acceptent comme leur Seigneur, leur maître et leur sauveur. Sous le commandement de Dieu, les enfants d'Israël ont fait le sacrifice pour déstabiliser la force de pharaon. Après ce sacrifice, il n'a plus eu le courage de les maintenir sous son autorité.

Aussi, après le sacrifice du Seigneur Jésus-Christ, la mort a perdu son pouvoir et ne peut plus maintenir tous ceux qui viennent au nom du Seigneur Jésus-Christ.

III.   Les sources de la puissance

Pour avoir la puissance, il faut être animé du Saint-Esprit. Ensuite, il faut :

- Être sous l'autorité du nom de Jésus-Christ

Pour être béni, il faut porter le nom de son Dieu. Je reconnais et je déclare que le Seigneur Jésus-Christ est le seul Dieu véritable que la Bible fait mention de la Genèse jusqu'à l'apocalypse. C'est lui qui a donné cet ordre à Moïse : **Parle à Aaron et à ses fils et dis: Vous bénirez ainsi les israélites, vous leur direz: Que l'Éternel te bénisse et te garde ! Que l'Éternel fasse briller sa face sur toi et t'accorde sa grâce ! Que l'Éternel lève sa face vers toi et te donne la paix !**
C'est ainsi qu'ils mettront sur les israélites, et je les bénirai (Nombres 6:23-27).

Dieu conclut sa recommandation en disant : C'est ainsi qu'ils mettront mon nom sur…, et je les bénirai. Ce qui veut dire que c'est le nom de Dieu qui bénit et non pas les proclamations

Celui qui proclame les paroles de bénédictions sur son prochain sans mettre le nom de Dieu sur la personne, il est fort probable que ses paroles soient vaines.

 Le Saint-Esprit avait révélé à l'apôtre Paul l'importance du nom de son Dieu. C'est pourquoi il a dit : **Et quoi que vous fassiez, en parole, ou en œuvres, faites tout au nom du Seigneur Jésus, rendant grâce par lui à Dieu le Père (Colossiens 3:17).**

- Avoir la voix de Dieu

Ce qui se trouve dans la voix, c'est la parole, d'où la parole est Dieu et Dieu est puissant.

Car la parole de Dieu est vivante, et efficace, et plus pénétrante qu'aucune épée à deux tranchants, perçant jusqu'à la division de l'âme et de l'esprit, des jointures et des moelles, et jugeant des pensées et des intentions du cœur; et il n'y a aucune créature qui soit cachée devant lui, mais toutes choses sont

nues et entièrement découvertes aux yeux de celui auquel nous devons rendre compte (Hébreux 4:12-13).

Aussi : **La voix de l'Éternel est puissante; la voix de l'Éternel est magnifique. La voix de l'Éternel brise les cèdres; l'Éternel brise les cèdres du Liban. La voix de l'Éternel jette des éclats de de flammes de feu. La voix de l'Éternel fait trembler le désert; l'Éternel fait trembler le désert de Kadès. La voix de l'Éternel fait enfanter les biches; elle dépouille les forêts; et dans son temple chacun s'écrie: Gloire ! (Psaume 29:4-9).**

- Avoir l'amour

L'amour est la seule puissance qui peut égaler la mort. Or, la fin de tout homme sur la terre, c'est la mort. Pourtant, celui qui a de l'amour ne meurt jamais. Être en possession de l'amour, c'est remporté la victoire avant l'épreuve.

- Dire la vérité

Aucune puissance ne peut résister à la puissance de la vérité. **Car nous n'avons pas de puissance contre la vérité; nous n'en avons que pour la vérité (2 Corinthiens 13 :8).**

La vérité, c'est l'un des attributs de Dieu ; ce qui veut dire celui qui ne ment jamais; d'où celui qui est fidèle à sa propre parole.

- Avoir la richesse

La richesse est la deuxième arme de puissance après la puissance elle même. C'est celui qui est riche qui sera loué. Plus tu es riche, plus ta richesse fait de toi un homme puissant. On peut être riche en bonté, en finance, en matériel, en connaissance, en amour, de grâce, par ses dons et ses talents.

Tous ceux qui sont riches sont puissants.

- Avoir la sagesse

La sagesse est le nom de Dieu. Celui qui a la sagesse est pleine de puissance. Il peut renverser tous les puissants dans une nation.

Il y avait une petite ville, avec peu d'hommes dans son sein; un roi puissant marcha sur elle, et éleva contre elle de grands forts. Il s'y trouvait un homme pauvre et sage, qui sauva la ville par sa sagesse. Et personne ne s'est souvenu de cet homme pauvre. Et j'ai dit: la sagesse vaut mieux que la force (Ecclésiaste 9: 14-16).

Cet homme pauvre a pu libérer la ville grâce à sa sagesse. Il est très important d'avoir la sagesse.

- Louer Dieu

Louer Dieu, c'est l'inviter à régner sur nous; c'est le faire descendre de son trône jusqu'à nous. Il est puissant et il démontre sa puissance sur ses adversaires lors de la louange (voir Psaume 8:3); Matthieu 21:16; 2 Chroniques 20:22).

Chapitre II.La connaissance

La connaissance, c'est le message qu'un conducteur a réussi de son maître pour faire connaître à une personne, un peuple, une ville et une nation.

Le message ne consiste pas à avoir toutes les lettres d'alphabet ; tous les mots et les expressions. Mais le message, c'est ce qui donne un sens à notre phrase.

Lorsque Dieu m'a appelé à son service, il m'a dit : Va et enseigne mon peuple. Il m'a dit encore : Je t'instruirai sur tout ce que tu veux savoir si tu me le demande. J'ai pris mon temps et un jour, je lui ai demandé : Seigneur, qu'est ce que je dois leur dire ? Et il m'a dit répondu en ses mots : Va leur instruire à faire m'a volonté. Après, je me suis posé cette question : C'est quoi la volonté de Dieu ? Enfin, j'ai trouvé la réponse de ma question et j'ai donné comme thème de ma vocation : "Accomplir la volonté de Dieu".

On reconnaît un conducteur par son message. On le qualifie grâce à son message. S'écarter de son message, c'est perdre sa mission. C'est pourquoi il est dit : Mon peuple périt par manque de connaissance.

Le message doit être l'unité centrale de notre mission. Et on présente toujours au peuple là où nous voulons en venir pour ne pas qu'il s'éloigne de nous.

Jonas avait pour mission d'amener les habitants de Ninive à la repentance. Quand il est arrivé, voici comment il a centré son message : Encore quarante jours, et Ninive est détruite ! (Jonas 3:4).

Même si la Bible ne nous donne pas les détails de ce qui s'est passé suite à son message, les habitants de Ninive vont se demander la raison de la destruction de Ninive. Et c'est sa réponse qui les conduit à la repentance.

A la fin, si le roi avait donné l'ordre à peuple et même au bête d'implorer le pardon de Dieu, c'est qu'il a reçu grâce à son message.

La connaissance fait du dirigeant un homme de valeur s'il a de quoi à dire à son peuple.

<u>**Chapitre III:**</u> L'amour

Un bon dirigeant a besoin de l'amour pour son peuple. Personne ne te suivra si tu n'aimes personne. C'est l'amour qui fait grandir un peuple. En cas d'attaque, le dirigeant doit être à mesure de donner sa vie pour son peuple. Jésus a dit : Qui parmi vous s'il a cent brebis et voit l'un d'entre eux ne met pas les quatre vingt dix neuf en lieu sûr pour aller chercher celui qui est perdu ?

Si le dirigeant ne peut pas faire cela, vers sa fin, il se retrouvera seul. Parce qu'il n'y aura plus de personnes à les conduire.

David a dit qu'il se montre toujours utile à arracher dans la gueule du lion et d'ours s'il venait à s'en prendre d'un petit ; lorsque son père lui confie son bétail.

<u>**Conclusion**</u>

Pour réussir dans sa direction, le guide doit avoir de la puissance. Cette puissance lui permettra d'assurer la défense et de résoudre les énigmes de son peuple en leur apportant une aide de conducteur. Ensuite, le dirigeant doit avoir la connaissance pour instruire son peuple et les amener à être à niveau pour instruire les autres. Ensuite, le guide doit être un homme qui a de l'amour. Pour avoir la confiance de son peuple, le dirigeant doit les aimer, partager sans se détacher d'eux.

Partie II :
La faiblesse de Dieu

<u>**Introducton**</u>

Car Dieu a tant aimé le monde qu'il a donné son fils unique afin que quiconque croit en lui ne périsse point, mais qu'il ait la vie éternelle (Jean 3:16).

L'amour de Dieu est pour nous reste sa faiblesse. Au début, le mal n'avait pas sa place au milieu de la création de Dieu. Il est arrivé un jour où l'esprit de mort a changé les choses autrement. Dieu était obligé de se rendre faible par amour pour les hommes afin de réparer cette faute.

<u>**Chapitre I:**</u> **L'origine du mal**

Au commencement, tout ce que Dieu avait créé était bon et la vie régnait à la surface de la terre comme au ciel. Car la source de la vie, c'est le bien. En ce moment, la création de Dieu qui se trouvait sur la terre, existait mâle et femelle; sauf l'homme qui n'avait pas de semblable à lui.

Dieu dit: **Il n'est pas bon que l'homme soit seul; je lui ferai une aide semblable à lui (Genèse 2:18).**

L'idée de créer la femme va changer la réaction de l'homme et de Satan.

   I.   La création de la femme

La femme est une partie de l'homme. Elle devait servir de porte d'atterrissage sur la terre. Pour l'avoir, Dieu avait créé d'abord, l'esprit de mort et le séjour des morts. Un quart de la terre lui fut donnée. Aussi, le mal devait entrer dans le jeu et la mort avait un rôle essentiel à jouer dans la vie de l'homme. Car, la source de la mort, c'est le mal.

Le mal, c'est l'opposition du bien et la mort c'est l'opposé de la vie. Dieu n'avait pas créé le mal pour nous faire du mal ; la mort pour nous tuer. Il l'a fait pour nous faire du bien et accomplir sa volonté. Parce qu'il ne sait pas faire du mal et ce qu'on voit en lui comme un mal, c'est le bien.

Après la création de l'esprit de mort, Dieu passe maintenant à l'opération de l'homme. Car, on ne peut pas opérer celui qui est en vie. Parce que l'opération produit de douleur et l'homme pouvait s'opposer à celà. C'est pourquoi Dieu a envoyé l'esprit de mort sur Adam pour le tuer. **Et l'Éternel Dieu fit tomber un profond sommeil sur Adam, s'endormit ; et il prit une de ses côtes et resserra la chair à sa place.**

C'est cette côte que Dieu a utilisé pour créer la femme.

Lors de cette création, Satan a vu comment l'esprit de mort a tué Adam. Or, le souffle de Dieu était en lui. Selon lui, si l'esprit de mort a le pouvoir de tuer Adam, c'est que ce même esprit peut mettre fin à la vie de Dieu, sans connaître la suite du travail de Dieu.

En effet, Satan a vu le début, mais pas la fin de la création à cause de sa stupidité.

II.   L'idée de Satan

Lucifer a préféré la mort par rapport à la vie en se ralliant à l'esprit de mort et à son empire pour posséder sa puissance. Parce qu'il voulait être semblable à Dieu. Au départ, c'était un ange protecteur. Dieu lui avait confié un tiers de ses anges pour qu'il assure la sécurité et la protection de l'homme et de son royaume. Ensuite, il était le porte-parole auprès de Dieu pour transmettre ses messages à l'homme. Aussi, Dieu lui avait donné son sceau pour perfectionner le travail de l'homme sur la terre. Enfin, il a été créé pour diriger la louange et l'adoration en l'honneur de notre Dieu.

Pour cela, Dieu lui avait donné une sagesse énorme et il était respecté par la créature de Dieu à cause de son poste et le rang qu'il occupait. Et il fut séduit dans son cœur . Car selon lui, sa sagesse ferra de lui un être semblable au Très-Haut.

Depuis le jour où il a épousé l'idée du mal pour se rallier à l'esprit de mort, Dieu l'a déstabilisé de ses positions et de ses rangs. Et l'Éternel Dieu le surnomme l'arbre de la connaissance du bien et du mal.

L'arbre de la connaissance du bien et du mal est le surnom de Satan. Ce nom signifie : celui qui a la connaissance du bien et du mal.

Maintenant, Dieu va recommander à l'homme de rompre toute sa relation entre lui et Satan; de peur qu'il ne le contamine de l'esprit de mort. Car, l'homme est son représentant sur la terre. Comme Satan voulait renverser son trône, s'il parvenait à gagner la confiance de l'homme, il pouvait facilement atteindre Dieu. Aussi, c'est à l'homme d'instruire sa femme à respecter l'ordre de Dieu.

Enfin, Satan sait que la femme est la faiblesse de l'homme et l'homme celui de Dieu ; s'est dirigé vers la femme.

Arrivée vers la femme, il l'a séduit en parole en disant : Dieu sait que le jour où vous allez manger le fruit de cet arbre, vos yeux vont s'ouvrir et vous serez comme des dieux connaissant le bien et le mal.

Il dit à la femme que Dieu leur empêche de l'écouter parce qu'il sait que si ils l'écoutent, ils seront à mesure de faire leur propre choix sans son avis. Car un dieu, c'est celui qui peut prendre ses responsabilités sans dépendre de personnes. Et Ève a cru à son message.

Au retour de son mari, elle l'a convaincu à son tour. Et les deux ont accepté la proposition de Satan. En le faisant, ils décident de ne plus appartenir à Dieu,s'ils

savaient qu'ils se penchaient sur le chemin de la mort et non pas sur celui de la vie, ils n'allaient pas le faire. Pourquoi ? Parce qu'ils voulaient avoir leur propre volonté. Or, ils ne savent pas qu'il existe seulement deux grandes volontés: le bien; diriger par Dieu et le mal; dirigé par Satan. Aussi, ils ne savent pas que la décision des hommes ne compte pas. Car, notre volonté consiste à faire un choix entre le bien et le mal. Or, la chair a des désirs contraires à l'Esprit et l'Esprit en a de contraires à la chair, et ces deux choses sont opposés l'un à l'autre ; de telle sorte que vous ne faites point les choses que vous voudriez (Galates 5:17).
L'homme et sa femme pensaient faire ce qu'ils voulaient en écoutant Satan. Or, c'était un piège. Soit ils vont accepter d'être avec Satan pour toujours ou ils seront obligés de se retourner à Dieu.

<u>Chapitre II:</u> **Le prix de la mort**

Le salaire du péché c'est la mort. Or, Dieu refuse que son image et sa ressemblance meurent. Parce que l'histoire qu'il voulait relater avec les hommes n'est pas encore sur le point de commencer. Que devons-nous faire ?

Mets-moi comme un sceau sur ton cœur, comme un sceau sur ton bras ; car l'amour est fort comme la mort, la jalousie est dure comme le séjour des morts ; ses fièvres sont des fièvres brûlantes, une flamme de l'Éternel. Les grandes eaux ne peuvent éteindre l'amour, et les fleuves ne le submergeraient pas ; quand un homme offrirait tous les biens de sa maison contre l'amour, on ne ferait que le mépriser (Cantique des cantiques 8:6-7). Dieu recommande à l'homme de le coller sur son cœur. Le coller signifie s'unir à lui. On parle d'union lorsqu'il y a mariage.

Dieu nous appelle à se marier. Comment se fait-il que Dieu veut s'unir aux pécheurs ? Parce que son amour est plus fort que lui ; parce que l'amour couvre les fautes. Aussi, pour garder l'homme en vie, Dieu sait qu'il lui faut son amour. Car la force de l'amour est égale à celle de la mort. Et sa jalousie peut amener une personne du séjour des morts.

Quand le Seigneur Jésus-Christ était encore sur la terre, il était pur et saint, et il marchait et mangeait avec les gens de mauvaise vie. Certaines personnes ne comprenaient pas pourquoi.

Et voici, Jésus étant à table dans la maison de Matthieu, beaucoup de péagers et de gens de mauvaise vie vinrent, et se mirent à table avec Jésus et ses disciples. Les pharisiens, voyant cela, dirent à ses disciples : pourquoi votre maître mange-t-il avec les péagers et les gens de mauvaise vie ?

Et Jésus, l'ayant entendu, leur dit: Ce ne sont pas ceux qui sont en santé qui ont besoin de médecin, mais ceux qui se portent mal. Mais allez, et apprenez ce que signifie : Je veux la miséricorde, et non pas le sacrifice, car ce ne sont pas des justes que je suis venu appeler à la repentance, mais des pécheurs (Matthieu 9:10-13).

Il a fallu que Dieu se serve de l'amour pour payer la dette de l'esprit de mort. C'est pourquoi ceux qui voulaient se justifier, le Seigneur Jésus-Christ leur dit d'aller apprendre la miséricorde. La miséricorde brave le jugement de Dieu. Là où il y a de la miséricorde, on fait plus mention de la condamnation.

Jésus est l'alliance de l'union entre Dieu et son semblable. S'il avait repoussé la mariée loin de son mari, alors qu'elle sert son importance dans cette union ?
La femme est la faiblesse de l'homme, l'homme est celui de Dieu, l'amour est la faiblesse de Dieu.

<u>Chapitre III: comment</u> vaincre la mort ?

Dieu nous a donné le nécessaire pour vaincre notre dernière adversaire qui est l'esprit de mort. Pour cela, il faut :

1. Aimer Dieu et être comme lui

Dieu nous a montré l'infini de son amour. Il nous a donné les enseignements et les conseils qui pourraient nous amener à l'aimer et lui ressembler sur ce point.

2. Aimer ton prochain

Le prochain c'est vous et moi; c'est ton père, ta mère, ton fils, ta fille, la personne qui a les traits d'un homme.

Aimer son prochain c'est de ne jamais souhaiter ce qu'on refuse à quelqu'un. C'est venir en aide à quelqu'un si nous avons le pouvoir de le faire. En plus, c'est couvrir les fautes d'une personne sans le livrer publiquement au spectacle. La création est plongé dans le jugement de Dieu parce que Adam avait livré sa propre femme en l'accusant aux yeux de Dieu et celui de Satan. S'il ne l'a pas fait, Dieu allait couvrir leur erreur et condamner le seul coupable qui est Satan. Or ce jour-là, Adam devait dire simplement que c'est le diable qui les a induits en erreur. Malheureusement, il a voulu établir sa propre justice en livrant sa femme. Et c'est elle qui a ensuite dénoncé le malin.

En effet, Satan n'a jamais souhaité le bien à personne. Son désir est que nous le ressemblons à ce point pour que la mort nous atteigne. Car il est le détenteur de la force de l'esprit de mort. Or, seul l'amour mettra fin au pouvoir de notre adversaire numéro un et au règne de la mort.

3. Instruire la femme à la soumission et les enfants à l'obéissance
4. Aimer sa femme
5. Se soumettre à Dieu et résister au diable

Nous sommes appelés à obéir à notre Père céleste en se soumettant à lui. Aussi sur qui nous devons nous révolter, c'est notre adversaire Satan. Parce qu'il nous a piégé depuis le début pour que nous désobéissons à l'Éternel Dieu. Maintenant il est dit: **Obéissons donc à Dieu et résistez au diable ; et il fuira loin de vous.**

Satan est le conducteur du mal et le mal produit la mort. Pour ne plus recevoir l'ombre de la mort autour de nous, il est très important d'affronter Satan pour qu'il nous donne la paix. En effet, Dieu nous a donné le pouvoir pour qu'il nous faut pour chasser le diable et ses méfaits loin de notre porte.

<u>**Conclusion**</u>

La faiblesse de la femme, c'est l'envie, la faiblesse de l'homme, c'est la femme et la faiblesse de Dieu, c'est l'homme. La femme a laissé le péché rentré dans sa vie. Comme elle est la faiblesse de l'homme, il s'est laissé entraîner par ce même péché. La mort qui était l'opposant de la vie, les a poussés dans le trou du séjour des morts. Dieu qui est Saint dont le péché ne peut entrer dans sa demeure décide de les sauver. Et il était obligé de s'affaiblir en prenant la chaire semblable à celle de l'homme.

Partie III :
LA PERSONNIFICATION DE DIEU

Introduction

Dieu est un titre donné par Dieu lui-même pour qu'on élève le Dieu Très-Haut qui est assis sur le trône de Dieu. Ce Dieu fort et grand comprend trois parties : Dieu le Père, Dieu le Fils et Dieu le Saint-Esprit. Il a utilisé ses trois parties pour se présenter à l'homme en utilisant une forme. Dieu le Père a utilisé la forme d'un ange pour parler à son image pendant un certain temps. Ensuite, Dieu le Fils quand à lui, il s'est fait chair pour habiter parmi nous . Après son départ, le Saint-Esprit est venu s'installer en nous.
Enfin, Dieu a reproduit sa représentation en se servant comme exemple, certaines personnes.

<u>**CHAPITRE I**</u>: Dieu le Père, Dieu le fils, Dieu le Saint-Esprit

- Dieu le Père

Dieu le Père signifie : Dieu vit par lui-même.

Le Père, c'est l'engendreur de tous les esprits; il est celui qui a engendré les êtres célestes et les êtres terrestres.

Le Père, c'est le Souverain sacrificateur ; celui qui peut se sacrifier lui-même pour le bien être des autres. En outre, c'est le principe, c'est le corps physique, c'est la première partie de Dieu ; c'est l'aspect physique de Dieu.

Le Père en tant que roi, est celui qui est le premier à siéger sur un trône éternellement. Il est aussi celui qui a créé tous les trônes.

- Dieu le Fils

Dieu le Fils veut dire : Dieu vit en lui-même.

Le Fils, c'est l'héritier du Père. La parole de Dieu hérite de Dieu, toute sa création et tout ce qui s'y trouve.

Le Fils, c'est l'âme de Dieu, c'est le sacrifice ou l'animal à être sacrifié.

L'âme de Dieu, c'est sa parole. Elle se trouve à l'intérieur de Dieu le Père.

Au moment où la parole ou l'âme de Dieu doit être offert en sacrifice par Dieu le Père pour la rédemption des pécheurs, elle s'est transformé en chair et elle a habité parmi les hommes jusqu'au jour où le Souverain sacrificateur l'a sacrifié pour le pardon de nos fautes.

Dieu le Père nous a tant aimés, et ne veux pas que nous périssons en enfer. C'est pourquoi il a sacrifié son âme à notre place.

 Dieu le Père et Dieu le fils forme un seul être. C'est pourquoi Jésus a dit : **Moi et le Père, nous sommes un (Jean 10:30).**

En plus, personne n'a jamais vu Dieu ; Dieu le Fils unique, qui est dans le sein du Père, lui, l'a fait connaître (Jean 1:18).

Dieu le Fils, c'est la deuxième partie de Dieu.

- Le Saint-Esprit

Dieu le Saint-Esprit veut dire : Dieu vit pour lui-même.

C'est la troisième partie de Dieu. C'est la tête, c'est le prophète ; c'est lui qui annonce le plan de Dieu aux habitants de la terre.

Remarque:

Le Père est la Base, le Fils est le Corps et le Saint-Esprit est la Tête de Dieu. C'est pourquoi le Seigneur Jésus-Christ a dit que son Père est le vigneron. Il présente le Père comme la racine principale d'un arbre. Ensuite, il dit de lui-même qu'il est le cep. Le cep, c'est le tronc, c'est le corps d'un arbre. Enfin, le Saint-Esprit est la tête de cet arbre.

Lorsque la parole de Dieu atteste que Dieu nous a créé à son image et sa ressemblance, cela veut dire que Dieu a une tête, un corps et des membres. Aussi, Dieu a un Esprit, une âme et un corps. Pareil pour l'homme : l'esprit, l'âme et le corps de l'homme. Aussi, l'homme a une tête, un corps et les membres.

Dieu est le Souverain sacrificateur. Il a sacrifié sa parole comme un sacrifice vivant à la place des pécheurs pour les sauver d'une condamnation éternelle. Et il a également envoyé son Esprit pour prédire l'avenir de tous ceux qui ont cru en son sacrifice qu'ils auront la vie de Dieu. Car **Dieu a tant aimé le monde qu'il a donné son fils unique afin que quiconque croit en lui ne périsse point, mais qu'il ait la vie éternelle.**

<u>**Chapitre II:**</u> La forme utilisé par Dieu pour se présenter à l'homme

- L'aspect d'un ange

Pour se présenter aux hommes, premièrement, Dieu a pris le corps d'un ange.

Au commencement, cette charge était destinée aux anges déchus. Ils avaient pour mission de véhiculer les messages de Dieu à l'homme ; de veiller sur nous. Mais leur échec a fait que Dieu n'a plus placé sa confiance en ses messagers. Lui-même, il s'est fait passer pour un ange. On l'appelle, l'ange de l'Éternel ; l'archange.

C'est lui qui transmet ses messages sûr à l'homme, et assure leur sécurité.

Il est notre bouclier, le défenseur, c'est lui qui mène nos combats. Et il est toujours avec nous.

Dieu le Père est venu sur la terre sous la forme d'un ange. Il s'est fait appeler l'Ange de l'Éternel

- L'aspect d'un homme

Deuxièmement, Dieu a pris la forme d'un fils de l'homme. C'est la personne de Jésus-Christ.

Jésus est le Dieu véritable et la vie éternelle. Il est venu au milieu des hommes, mais personne n'a cru que c'était Dieu qui marchait avec eux. Il est né suite à l'effusion du Saint-Esprit venant sur Mari.

La femme est le chemin de sortir chez Dieu. C'est à dire, pour venir sur la terre il faut passer par la femme. C'est ce que Dieu lui-même a fait. Et tous les esprits ont puis atterrir sur la terre grâce à la femme.

Par contre, pour aller au chez Dieu, il faut passer par le Seigneur Jésus. Il est le seul chemin de la vie éternelle.

Dieu a plusieurs attributs ; Jésus aussi a plusieurs attributs. Il est :

- ★ Le pain de vie
- ★ La lumière du monde
- ★ Le chemin de la vie
- ★ La vie éternelle
- ★ La vérité
- ★ Le principe de la création
- ★ L'étoile brillant du matin
- ★ Le premier et dernier ; l'Alpha et l'oméga
- ★ Le lion de la tribu de Juda
- ★ Le Silo (ou le pacificateur)

★ Le prince de paix
★ La parole de Dieu
★ Dieu fait chair
★ L'avocat de l'église
★ Le roi des rois
★ La pierre angulaire
★ L'intercesseur par excellence
★ Le maître de la sainteté
★ La sagesse

Tous ses noms et ses dits prédirent le genre d'homme de qui il était. Sa visite terrestre a été une leçon de vie pour les hommes. Pour y arriver, il nous a donné son Esprit.

- l'Esprit

l'Esprit de Dieu est la dernière apparence que Dieu a utilisé pour communiquer avec son semblable. On ne voit pas Dieu; aussi on ne voit pas son Esprit. Pourtant, il est à côté de nous et il est en nous. l'Esprit de Dieu fait tout ce qui est en son pour que nous parvenions à croire en Dieu, sa parole et en ses promesses. On doit écouter le Saint-Esprit.

Dieu est un Père merveilleux. Il n'a jamais songé d'abandonner son image et sa ressemblance. Il a fait tout ce qui est en son pouvoir pour nous ramener à lui. C'est ainsi qu'il a pris la forme d'un ange pour nous parler. Ensuite, il a utilisé la chair des hommes pour leur montrer un exemple parfait de sa personne. Enfin, il est avec nous en Esprit jusqu'à son avènement dernier pour que ceux qui croient en lui, puissent avoir la promesse de la vie éternelle.

<u>**Chapitre III**</u>: Les exemples du personnage de Dieu

1. Abraham, Isaac et Jacob

Abraham est le symbole de Dieu le Père. C'est lui, l'inaugurateur de Jésus-Christ.Il fut la première personne à inaugurer le chemin que devraient emprunter tous ceux qui croiront au Seigneur Jésus-Christ. Aussi, sur le plan du sacrificateur, Dieu le Père a mis Abraham à l'épreuve, pour voir s'il sera capable de sacrifier son unique comme lui (voir Genèse 22:1-19). Abraham le père des croyants voulait offrir son fils unique en sacrifice. Mais Dieu a remplacé son offrande par une autre. Pourquoi ? Parce qu'il n'est pas réservé aux hommes de mourir pour le péché des autres.

En plus, Isaac est le fils unique d'Abraham le père des croyants. C'est lui le fils de l'âme, le sacrifice, l'animal que le sacrificateur devait sacrifier pour le pardon des péchés des croyants. Comme il est impossible à un homme d'accomplir cet acte divin, Dieu l'a remplacé par un bélier.

Jacob est le prophète, il est considéré comme l'Esprit du personnage d'Abraham et d'Isaac. C'est lui qui a prédit l'avenir de sa descendance.

Abraham le père des croyants, Isaac le fils unique des croyants et Jacob le prophète des croyants forme les trois parties du personnage de Dieu : le Père,le Fils et le Saint-Esprit ; Dieu le Père, sa parole et son Esprit.

2. Aaron, le sacrifice et Moïse

Aaron est le symbole du Souverain sacrificateur. Il fut le premier souverain sacrificateur. Il représente Dieu le Père.

Aussi, l'animal qu'il sacrifiait pour couvrir les fautes des enfants d'Israël préfigure l'identité du Fils unique de Dieu.

Moïse est le prophète ; symbole de l'Esprit de Dieu.

Les trois personnes représentent les trois parties de Dieu le Père, Dieu le Fils et Dieu le Saint-Esprit.

3. Le roi Saül, le roi David et le roi Salomon

Dieu est le Roi des rois. Il s'est représenté par :

➤ Le roi Saül

Saül a été le premier roi sur le peuple choisi par Dieu. En tant que premier, il est le père fondateur du royaume d'Israël. Il a agit comme un sacrificateur. C'est lui qui a préféré le sacrifice par rapport à l'obéissance. Pourquoi ? Parce que le rôle du sacrificateur consiste à sacrifier.

> Le roi David

David est le roi d'âme. Il s'est échappé à plusieurs reprises des mains du roi Saül lorsqu'il voulait à tout prix l'offrir en sacrifice. Aussi, Dieu approuve David comme l'homme selon son cœur. Ce qui se trouve dans le cœur, c'est l'âme.

> Le roi Salomon

Salomon est le seul roi qui a puis manifesté les sept Esprit de Dieu. C'est la dernière partie de Dieu.

<u>**Conclusion**</u>

Dieu est à la fois le Père, le Fils et le Saint-Esprit. Aussi, il s'est présenté à l'homme comme un ange, un homme et un esprit. Après, il s'est manifesté manifesté au travers de plusieurs personnes.

Partie IV :
ASPIREZ AU SAINT-ESPRIT

Introduction

Le Saint-Esprit, c'est la partie pure, flexible et incorporelle de Dieu, qui fait de lui un être Esprit et éternel. Il a été délégué par Dieu pour faire connaître Dieu et sa volonté à ses serviteurs et son peuple.

Il a la possibilité de prendre la forme de tous les êtres vivants et des choses qui existent dans la nature ou une représentation quelconque.

L'homme lui doit son existence; il est l'instrument et la demeure du Saint-Esprit. Ainsi, nous voulons aller plus loin pour connaître qui est le Saint-Esprit, comment il arrive à libérer un individu en lui accordant le repos et sa mission. Par la suite, nous invitons le peuple de Dieu à le rechercher de tout cœur.

<u>**Chapitre I:**</u> Qui est le Saint-Esprit ?

Le Saint-Esprit, c'est la forme de Dieu se manifestant en esprit, agissant pour exécuter les desseins de Dieu. Dieu se prononce et le Saint-Esprit agit en fonction de sa parole. Cependant, peu de personnes le connaisse. Aujourd'hui, il est temps de le connaître.

1) Le Noé de l'homme

En hébreu, Noé s'écrit **noa'h,** qui signifie «**repos,** ou **consolation**». Ce nom est l'un des attributs du Saint-Esprit

Le premier Noé issu de la race humaine, a pour mission de consoler sa future descendance. Son objectif consistait d'ôter la malédiction de la terre.

En effet, Dieu a créé l'homme pour qu'il le serve. Et c'est pour le travail qu'il a créé l'homme. Or, au début, le travail existait sans souffrance jusqu'au jour où Adam, le premier homme a désobéit à Dieu en écoutant le conseil de sa femme Ève. Parce qu'il a maudit le sol pour le punir. Ainsi, il dit à l'homme : **Puisque tu as écouté la voix de ta femme, et que tu as mangé de l'arbre au sujet duquel je t'avais donné cet ordre :Tu n'en mangeras point ! Le sol sera maudit à cause de toi . C'est à force de peine que tu en tireras ta nourriture tous les jours de ta vie, il te produira des épines et des ronces, et tu mangeras de l'herbe des champs. C'est à la sueur de ton visage que tu mangeras du pain, jusqu'à ce que tu retournes dans la terre, d'où tu as été pris ; car tu es poussière, et tu retourneras dans la poussière(Genèse 3:17–19).**

Cette malédiction a eu de graves conséquences. Car, l'homme aime ce qui s'obtient sans difficulté; vivait de la chasse, des cueillettes et fuyait le travail de la terre.

Or, Lémec espérait qu'un jour Dieu allait mettre fin à sa propre malédiction. C'est pourquoi, il engendra un fils et lui donna le nom de Noé, en disant : **Celui-ci nous consolera de nos fatigues et du travail pénible de nos mains, provenant de cette terre que l'Éternel a maudite(Genèse 5:29).** En effet, le premier Noé a aboli la malédiction de la terre suite à son offrande. **Noé bâtit un autel à l'Éternel; il prit de toutes les bêtes pures et de tous les oiseaux purs, et il offrit des holocaustes sur l'autel. l'Éternel sentit une odeur agréable, et l'Éternel dit en son cœur : Je ne maudirai plus la terre, à cause de l'homme, … (Genèse 8:20-21).**

Noé a pu réduire la souffrance du travail de l'homme, mais pas le péché. Parce que sa propre erreur l'a conduit à maudire sa descendance. Il but du vin, s'enivra, et se découvrit au milieu de sa tente. Lorsque Noé se réveilla de son vin, il apprit ce que lui avait fait son fils cadet. Et il dit: Maudit soit Canaan ! Qu'il soit l'esclave des esclaves de ses frères !

La maison qu'il avait chargé de malédiction ne m'appartient pas, mais c'est pour le véritable Noé.

Le Saint-Esprit est le véritable Noé. Il est venu pour ôter le joug de la malédiction, il est venu pour que ta situation de vie change; il est venu transformer tes souffrances en succès, tes échecs en réussite ; il est venu pour te faciliter la tâche dans chaque domaine de ta vie; et il est venu pour te garantir le repos de ton âme. Pour ton bien-être, le Saint-Esprit est capable de faire n'importe quoi pour te venir en aide. Quand tu t'attriste, il s'attriste; quand tu pleures, il pleure. Ce que tu ne peux pas demander à Dieu, il intercède lui-même pour toi.

  2) Le bâtisseur de la vie

le Saint-Esprit est le bâtisseur de la vie de Dieu dans nos cœurs.

Le Seigneur Jésus-Christ a donné le pouvoir à toute personne qui le reçoit dans son cœur et croit en son nom de devenir un enfant de Dieu. Or, le mot enfant vient du latin ‹‹ infans ›› et signifie ‹‹celui qui ne parle pas ››. A chaque naissance, le père de l'enfant doit établir une preuve qui prouve que cet enfant est le tien. Et seul le Saint-Esprit est capable de nous certifier un acte d'adoption de notre nouvelle vie avec le Christ. Car nous sommes le fruit de son adoption. Et il rend témoignage à notre esprit que nous sommes enfants de Dieu. Si tu ne t'es pas encore certifié pour le royaume céleste, il est temps de te déclarer auprès du certificateur pour être certifié.

  3) L'instructeur de l'homme

Au début de mon ministère, le Saint-Esprit descendait sur moi pour m'enseigner la parole. Il était comme un homme à voix douce dans mon homme intérieur. Quand il arrive, je sais qu'il est là et je n'ai pas faim, et il peut m'enseigner de six heures du matin jusqu'à dix-huit heures du soir. Une année, il m'avait maintenu par ses heures et j'ai fait soixante six jours avec lui dans la méditation. Ce que je ne comprenais pas, il m'explique. Souvent il me pose des questions dont il se sert comme thème de son enseignement. Maintenant, il continue de m'enseigner à dimension fils. C'est pourquoi je l'appelle mon instructeur, mon compagnon fidèle et mon guide. Car il obéit à la promesse que Dieu m'a faite lors de mon appel à son service; Jésus m'a dit : Va et enseigne mon peuple. Je te donnerai la connaissance nécessaire aussi longtemps que tu me demanderas. Comme Dieu tient toujours ses promesses, pour instruire quelqu'un, il faut au préalable que je sois moi même instruit. C'est pourquoi il m'a donné un instructeur qui est le Saint-Esprit et il n'est plus auprès de moi, mais habite dans sa douce demeure.

4) Aquilon ou Euraquilon

Dieu est un Dieu de vie et la vie est un souffle ou une poussée d'air. Or, l'air provient du vent. En effet, Aquilon ou Euraquilon, c'est un vent impétueux, froid qui vient du nord. C'est l'un des attributs du Saint-Esprit.

Le Seigneur Jésus-Christ a pu marcher sur les eaux de la mer grâce à Aquilon.

Après la prédiction de l'apôtre Paul, le centenier écouta le pilote et le patron du navire plutôt que ses paroles. Or, Dieu le voulait pour qu'il comparaisse devant César. C'est pourquoi il avait envoyé le Saint-Esprit pour le conduire à bon port. **Mais bientôt un vent impétueux, qu'on appelle Euraquilon, se déchaîna sur l'île. Le navire fut entraîné, sans pouvoir lutter contre le vent, et nous laissâmes aller à la dérive (Actes 27:14-15).**

5) Le Feu dévorant

L'aspect de la gloire de l'Éternel était comme un feu dévorant sur le sommet de la montagne, aux yeux des enfants d'Israël. Car Dieu est un feu dévorant.

6) Le Délégué des témoins de Christ

Le Saint-Esprit est le Délégué de tous les envoyés de Dieu. C'est lui qui est chargé à la direction du bien être de l'église, le corps de Christ. En tant que délégué, il est chargé de véhiculer les messages et de les certifier aux témoins lors de leur témoignage. Il communique aussi la volonté et les pensées de Dieu à ses apôtres, à ses prophètes, à ses évangélistes, à ses pasteurs et à ses docteurs de bien vouloir accomplir les tâches qui leur ont été confiées sans la moindre erreur.

<u>**Chapitre II:**</u> Comment recevoir le Saint-Esprit ?

1. Invitation

Si une personne se met à prier le Saint-Esprit et s'il est sincère en sa demande, le même jour, il peut le recevoir dans son cœur. Parce que, notre vie ne nous appartient pas, mais au Seigneur Jésus-Christ et notre corps est la maison de refuge du Saint-Esprit. Aussi, il est très important de connaître le motif avant son arrivée. Car, les premiers disciples, tous d'un commun accord, ont prié le Saint-Esprit pour le recevoir.

2. L'imposition des mains

Lorsque Paul leur eut imposé les mains, le Saint-Esprit vint sur eux, et ils parlaient en langues et prophétisaient (Actes 19:6).

Josué, fils de Nun, était rempli de l'esprit de sagesse, car Moïse avait posé ses mains sur lui. Les enfants d'Israël lui obéirent, et se conformèrent aux ordres que l'Éternel avait donnés à Moïse (Deutéronome 34:9).

3. La réception par effusion

Dans une assemblée, Dieu peut descendre pour répandre le Saint-Esprit sur ceux qui sont attentifs à sa parole.

À N'zianouan une sœur en Christ me parlait toujours d'une famille en détresse. Un jour, j'ai pris la décision de les visiter. A mon arrivée, j' ai pris le livre de Romain le chapitre huit pour les exhorter. Je parlais encore tout à coup; le Saint-Esprit descendit sur tous ceux qui assistaient à ma prédication y compris les enfants. Aussi, à Césarée il y avait un homme du nom de Corneille qui a reçu la révélation de la part de Dieu dont il devait inviter l'apôtre Pierre pour qu'il leur annonce l'évangile. **Comme Pierre prononçait encore ces mots, le Saint-Esprit descendit sur tous ceux qui écoutaient la parole (Actes 11:44).**

Ensuite, Dieu peut descendre pour répandre l'esprit qui est sur son serviteur sur certaines personnes. **L'Éternel descendit dans la nuée, et parla à Moïse; il prit de l'esprit qui était sur lui, et le mit sur les soixante -dix anciens. Et dès que l'esprit reposa sur eux, ils prophétisèrent; mais ils ne continuaient pas. Il y eut deux hommes, l'un appelé Eldad, et l'autre Médad, qui étaient restés dans le camp, et sur lesquels l'esprit reposa; car ils étaient parmi les inscrits, quoiqu'ils ne fussent point allés à la tente; et ils prophétisèrent dans le camp (Nombres 11:25-26).**

4. Par la colère

Lorsqu'une personne se met en colère, un esprit l'anime. Aussi, on ne se met pas en colère parce qu'il faut le faire. On se met en colère suite à une émotion. La Bible déclare que lorsque Saül s'est mis en colère, le Saint-Esprit est venu sur lui. Lorsqu'on décide de changer la situation de notre vie à cause de l'oppression de l'ennemi, cette colère peut subsister la présence du Saint-Esprit sur notre vie.

5. Au milieu de ceux qui l'ont déjà reçu

Si une personne se trouve au milieu des personnes dont le Saint-Esprit habite déjà, il peut lui aussi recevoir le Saint-Esprit.

I. Le langage du Saint-Esprit

Il existe plus de dix mille langues dans le monde sans compter les variantes dialectales. En effet, la mauvaise pensée de l'homme a poussé Dieu à établir plusieurs langues après le déluge. En ce moment, toute la terre a une seule langue et les mêmes mots. Et un jour, ils se disaient l'un à l'autre : Allons ! Bâtissons-nous une ville et une tour dont le sommet touche au ciel, faisons-nous un nom, afin que nous ne soyons pas dispersés sur la face de toute la terre. Or, après la création de l'homme, la recommandation qui lui a été faite est la suivante : Soyez féconds, multipliez, remplissez la terre (Genèse 1:28). L'idée de rester dans un seul endroit s'oppose au remblais de la terre. C'est pourquoi Dieu est descendu pour confondre leur langage, afin qu'ils n'entendent plus la langue, les uns des autres. C'est ainsi qu'il y a eu de diverses langues dont Dieu seul est capable de les comprendre et d'en parler sans commettre la moindre erreur.

Aussi, avant le départ du Seigneur Jésus-Christ, il a donné l'ordre à ses disciples d'annoncer la bonne nouvelle du royaume à toutes les nations jusqu'à l'extrémité de la terre. Or, les disciples ne parlèrent que la langue des Hébreux. Comment arriveraient-ils à transmettre ce message à ces pluralités de langues. Pour nous faciliter la tâche, il a envoyé le Saint-Esprit pour nous instruire sur de diverses langues. C'est ainsi qu'au jour de la Pentecôte, le Saint-Esprit a déposé sur chaque personne une langue particulière; d'où le nombre des disciples réunies était d'environ cent vingt. Parce qu'il y avait en séjour à Jérusalem, de toutes nations qui sont sous le ciel. Et chaque disciple a pu évangéliser au moins une nation. En plus, grâce à la colonisation, nous avons le droit d'apprendre d'autres langues. En Côte d'Ivoire, il y a plus de soixante ethnique. Mais, l'imposition de la langue française à ces peuples, facilite la tâche à l'évangélisation. Aujourd'hui, certaines personnes arrivent à s'exprimer en plus de seize langues différentes.

Bien aimé ! Le parler en langue n'est pas le signe initial qui démontre qu'un individu a reçu le Saint-Esprit.

Chapitre : La Mission Du Saint-Esprit

Le Saint-Esprit est une promesse de Dieu pour toute l'humanité. Son but est de préparer l'homme au repos de Dieu et de l'instruire à être comme lui.

I.   Faire venir ce qui est en nous sur notre vie

Tes lèvres distillent le miel, ma fiancée ; il y a sous ta langue du miel et du lait, Et l'odeur de tes vêtements est comme l'odeur du Liban.

Tu es un jardin fermé, ma sœur, ma fiancée, une source fermée, une fontaine scellée.

Tes jets forme un jardin, où sont des grenadiers, avec les fruits les plus excellents, les troënes avec le nard;

Le nard et le safran, roseau aromatique et le cinnamome, avec tous les arbres qui donnent l'encens ; la myrrhe et l'aloès, avec tous les principaux aromates;

Une fontaine des jardins, une source d'eaux vives, des ruisseaux du Liban.

Lève-toi aquilon ! Viens, autant ! Soufflez sur mon jardin, et que les parfums s'en exhalent !

Que mon bien-aimé entre dans son jardin, et qu'il mange de ses fruits excellents ! (Cantique des cantiques 4:11-16).

Dans ce passage, Dieu révèle à sa fiancée dans un premier temps, que ses lèvres font couler le miel et le lait. Ensuite, il lui fait savoir secondement que ce miel et ce lait sont encore cachés sous sa langue .

La fiancée de qui est question, s'agit de l'homme. C'est-à-dire de vous et moi. Dieu se présente toujours comme le mari des hommes.

En effet, le miel, c'est ce qui est bon et agréable ; c'est le bonheur que Dieu a mis en tout un chacun de nous. Autrement dit, le miel c'est les projets de grâces formés par Dieu en nous. **Car, dit l'Éternel : je connais les projets que j'ai formés sur vous, projets de paix et non de malheur, afin de vous donner un avenir et de l'espérance (Jérémie 29:11).** En outre, le lait, c'est la nourriture des enfants ; c'est le liquide sortant dans un réservoir servant à allaiter les enfants. Les seins de la femmes sont ses réservoirs. Et les ressources d'une personne deviennent lait lorsqu'il est à mesure de nourrir plusieurs personnes. Les seins de la femme contiennent du lait lorsqu'elle enfante un nouveau né. Le mot père et mère est destiné à l'être humain qui peut nourrir, instruire sur le droit chemin, défendre et protéger son prochain. En effet, la promesse de Dieu pour ses enfants consiste à les envoyer dans un pays où coulent le lait et le miel; un pays où son peuple sera à mesure de réaliser une œuvre parfaite qui permettra à plusieurs individus de bénéficier. **Car, dit l'Éternel : J'ai vu la souffrance de mon peuple qui est en Égypte, et j'ai entendu les cris que lui font pousser ses oppresseurs, car je connais ses douleurs.**

Je suis descendu pour le délivrer de la main des Égyptiens, et pour le faire monter de ce pays dans un bon et vaste pays, dans un pays où coulent le lait et le miel, …(Exode 3:7-8).

Mais le problème est que vous en qui se trouvait ce lait et ce miel, vous êtes encore fermé ; Dieu vous compare à une fontaine d'eau qui est scellée. Il arrive parfois qu'une personne essaie de prouver à son entourage qu'il a du potentiel comme les autres. Par contre, ses propres efforts ne le permettent pas à convaincre son prochain de jeter des regards sur lui pour le reconnaître. L'effort fourni par quelqu'un ne le propulse pas là où il pense être. Parce que, pour manifester ce qui est nous, il faut l'aide de celui qui a semé. Car, **ce n'est ni par la puissance ni par la force, mais c'est par mon Esprit, dit l'Éternel des armées (Zacharie 4:6).** Simon pierre possédait les clés du royaume en lui, il a voulu les manifester avant l'arrivée d'Aquilon sur sa vie et il n'a pas pu. Car, c'est le devoir d'Aquilon de descendre sur sa vie pour souffler ses clés sur lui comme un parfum de bonne odeur. Mais le jour où il à reçu Euraquilon dans sa vie, il n'a pas fourni d'efforts pour que ses clés se manifestent.

Bien aimé frère et soeur, tu as trop dormi. Aujourd'hui, il est tant que tu te réveilles, l'heure est venue pour que tu revête tes habits de fête. Lève-toi et nettoie-toi par le sang de l'agneau. Mets-toi sur ton séant, bien aimé ! Détachés les liens de ton cou, ton temps est arrivé. Que Aquilon fasse exhaler l'odeur de ce qui est en toi maintenant même. Amen.

Le Saint-Esprit veut changer ta situation de vie actuelle. Il désire ardemment que tu l'aspire pour obtenir le salut. On l'appelle ''Aquilon ou Euraquilon,vent du nord, un vent impétueux''. **Tout à coup il vint du ciel un bruit comme celui d'un vent impétueux, et il remplit toute la maison où ils étaient assis (Actes 2:2).** Son passage cède toujours la place à ce qui est en nous de bien. Parce qu'il descend violemment sur la personne pour briser les chaînes, et ôter les voiles ou les filets qui le tenaient en captivité. Ensuite, il rentre et souffle un vent pour balayer les actions du mal en brisant notre cœur de pierre pour le transformer en cœur de chair afin de laisser l'ouverture aux projets de Dieu.

L'histoire des apôtres a commencé le jour où Aquilon a fait son entrée soudaine dans leur vie. Ce jour-là, Simon Pierre a manifesté les clés du royaume. Et par lui, le Seigneur Jésus-Christ a puis bâti son église.

Bien aimé, le Saint-Esprit t'attend pour commencer ton histoire et faire paraître la lumière qui est en toi. Car, plusieurs attendent ton élévation pour être secouru à leur tour.

Celui qui reçoit le Saint-Esprit peut jouir des qualités que Dieu lui a attribuées et réaliser parfaitement les désirs de son cœur. Car, notre repos et notre liberté dépendent de lui .

II.   **Amener les gens à accepter Jésus**

Venez à moi, vous tous qui êtes fatigués et chargés, et je vous donnerai du repos.

Prenez mon joug sur vous et recevez mes instructions, car je suis doux et humble de cœur ; et vous trouverez du repos pour vos âmes. Car mon joug est doux, et mon fardeau léger (Matthieu 11:28-30).

Le repos ne s'acquiert pas, mais on l'obtient par ordre de mérite. Le Seigneur Jésus-Christ a été clair là-dessus. D'abord, il a dit que si et seulement si nous voulons avoir du repos, nous devons venir à lui. Les concernés sont : les personnes qui sont fatigués et chargés. Une personne peut être fatiguée et chargée de quoi ?

La charge de l'homme

Une personne peut être chargée mentalement et émotionnellement. Pour affronter et résoudre les réalités et vérités de la vie, tout être humain doit se mettre à penser longuement sur des tas de sujets. Cette réflexion divergente pèse sur la conscience de l'homme et devient une amertume dans son âme. Aussi, un problème peut infecter l'existence d'un individu.

La fatigue de l'homme

Une personne peut être fatiguée de:

> ➢ De la maladie

Une femme atteinte d'une perte de sang depuis douze ans s'approcha par derrière, et toucha le bord de son vêtement. Car elle disait en elle-même: Si je pouvais seulement toucher son vêtement, je serais guérie. Se retourna, et dit, en le voyant: Prends courage, ma fille, ta foi t'a guérie. Et cette femme fut guérie à l'heure même (Matthieu 9 :20-22). La fatigue de la femme était la maladie. Ne sachant plus quoi faire, elle est allée chez Jésus pour se décharger de sa maladie.

> ➢ De la misère et de l'oppression de l'ennemie

Il y avait à l'entrée de la porte quatre lépreux, qui se dirent l'un à l'autre : Quoi! Restons- nous ici jusqu'à ce que nous mourions? Si nous songeons à entrer dans la ville, la famine est dans la ville et nous y mourrons ; et si nous restons ici, nous mourrons également. Allons nous jeter dans le camp des Syriens ; s'ils nous laissent vivre, nous vivrons et s'ils nous font mourir, nous mourrons. Ils partirent donc au crépuscule, pour se rendre au camp des Syriens ; et lorsqu'ils furent arrivés à l'entrée du camp des Syriens, il n'y avait personne. Le Seigneur avait fait entendre dans le camp des Syriens un bruit de chars et un bruit de chevaux, le bruit d'une grande armée, et ils s'étaient dit l'un à l'autre : Voici, le roi d'Israël a pris à sa solde contre nous les rois des Héthiens et des Égyptiens pour venir nous attaquer. Et ils se levèrent et prirent la fuite au crépuscule, abandonnant leurs tentes, leurs cheveux et leurs ânes, le camp tel qu'il était, et ils s'enfuirent pour sauver leur vie. Les lépreux, étant arrivés à l'entrée du camp, pénétrèrent dans une autre tente , mangèrent et burent, et en apportèrent de l'argent, de l'or, et des vêtements, qu'ils allèrent cacher. Ils revinrent, pénétrèrent dans une autre tente, et emportèrent des objets qu'ils allèrent cacher (2 Rois 7:3-8). Ces quatre lépreux étaient encerclés par la famine d'un côté et par l'ennemi de l'autre côté. Ils décident de se débarrasser de leurs souffrances chez l'ennemi. Car, la cause de la famine provenait de la fermeture des frontières par l'ennemi. Et Dieu les a aidé à se décharger en changeant leur pas en un bruit de chars.

➢ Des critiques

Les critiques de Anne étaient insupportables au point où elle avait cessé de manger. Pour se décharger, elle est allée chez Dieu. Bien aimé, si tu es fatigué du mensonge,du vol, de la tricherie, de la masturbation, de l'humiliation ; aujourd'hui, Jésus te tend la main. Ne laisse pas cette opportunité et vient à lui. Car, à tes résolutions répondra le succès; sur tes sentiers brillera la lumière. Anne savait que la solution de son problème ne pouvait provenir que chez Dieu. Parce qu'aucun homme sur cette terre ne peut pas soigner la stérilité. C'est pourquoi, elle est allée chez Jésus. Vous aussi, faites la même chose qu'elle; et la lumière divine vous éclairera.

III.   Transmettre l'onction à l'homme

Le joug de Jésus, c'est le manteau que Dieu donne à ses serviteurs pour le service ; c'est la puissance électrique procurée par le Saint-Esprit sur la vie d'une personne. On parle d'onction, lorsque le Saint-Esprit se décide de remplir l'intérieur d'un homme jusqu'à sa surface en couvrant tout son corps. Cette plénitude est comme un vêtement sur l'individu et dégage une puissance électrique qu'on appelle fréquemment : L'onction du Saint-Esprit. Elle propage des ondes de près ou de loin de la personne. Lorsque le Saint-Esprit prend une forme chez une personne, il s'émeut de façon alternative. Il provoque le vouloir et le faire en la personne et lorsqu'elle décide de le faire, il se sert d'elle pour agir. Par contre, pour que le Saint-Esprit prenne une forme à l'intérieur d'un individu, il faut que ce dernier se décide de se consacrer à Dieu.

La consécration est le seul moyen pour faire assoir le Saint-Esprit après sa réception dans notre vie. Chaque appelé à son expérience particulière avec le Saint-Esprit.

Quand il arrive dans notre vie, il nous pousse à nous mettre en marche pour la vocation. Lorsque le Seigneur Jésus avait reçu le Saint-Esprit, l'Esprit lui a conduit au désert. Le désert a été le centre de préparation de la mission de Jésus. C'est dans le désert qu'on peut savoir si nous allons aller jusqu'au bout de ce que le Saint-Esprit est sur le point de faire avec nous. Aussi, c'est en ce moment que Satan profite pour changer le plan de la mission en nous faisant faire des démonstrations inutiles. Il a dit à Jésus : Si tu es le Fils de transformer cette pierre, jette-toi et adore-moi. Les trois parole de Satan sont très symbolique pour désarmer la mission de

Lorsque Dieu nous appelle, il nous accompagne par son pouvoir. Et c'est ce pouvoir que le Saint-Esprit nous communique dans le désert. Comme le diable ne sait pas de quel pouvoir Dieu nous a donné, il veut le découvrir pour mieux nous attaquer. Parce que le pouvoir de Dieu est multiple pour mettre fin au règne de l'ennemi.

Si ton ennemi te dit, tu ne peux pas faire cela, ne le fait. Il a dit à Jésus ; si tu peux, transforme. Jésus ne l'a pas fait parce qu'il ne travaille pas sous l'autorité de Satan. Aussi, se jeter, c'est commencé une œuvre avant son temps.

Plusieurs ont commencé à nager le torrent avant que ce même torrent arrive au niveau de leur cou. Et lorsque le torrent les a conduit dans la mer, au lieu de transformer l'eau de la mer, ils se sont mis à servir le roi de la mer.

Le torrent, c'est l'onction ; l'eau de la mer, c'est le moment. Lorsque le Saint-Esprit nous conduit dans le désert, c'est pour nous communiquer les secrets de l'onction qui va nous permettre de transformer le monde. Satan les convainc par ses miracles et les prodiges et plus tard, ils se mettent à son service. C'est ce qu' il a voulu faire avec le Christ.

Pour que le Saint-Esprit prenne forme en nous, on doit l'écouter et faire ce qu'il nous demande de faire. Souvent, tu as l'impression que tu as déjà fait la même chose, mais fais- le. Car c'est lui qui décide. Et c'est en abondance du cœur que la bouche parle.

Satan a voulu m'avoir sur ce point à cause de ma précipitation.

Dans mes débuts, je méditais la parole de Dieu jour et nuit au point où elle a commencé à me dégoûter. Pour moi, finir sa mission et rentrer auprès de son créateur était la meilleure solution. Je voulais à tout prix démontrer à tout le monde ce que l'Esprit m'enseignait. Après je me suis ressaisi et j'ai compris que le message que le Saint-Esprit me communiquait, il ne me donnait pas dans toute son intégralité de peur que personne ne prenne ma couronne.

L'onction prend du temps à être chargée. Car la charge dépend du Saint-Esprit et de la forme de la mission.

Se consacrer, c'est se décider de mourir pour Dieu en donnant sa vie pour ton prochain.

Bien aimé frère et sœur, l'onction du Saint-Esprit fait du bien à celui qui l'a possède et le conduit à faire du bien.

l'Esprit du Seigneur est sur moi, c'est pourquoi il m'a oint pour annoncer l'Évangile aux pauvres; il m'a envoyé pour guérir ceux qui ont le cœur brisé; pour publier la liberté aux captifs, et le recouvrement de la vue aux aveugles; pour renvoyer libres ceux qui sont dans l'oppression, et pour publier l'année favorable du Seigneur (Luc 4:18-19).

Aussi, pour recevoir l'onction, il faut connaître les raisons qui poussent Dieu à le donner. Dieu donne son onction pour :

- Établir la justice, la paix, la miséricorde et la droiture de Dieu
- Guérir les malades
- Ouvrir : des portes, les yeux des aveugles
- Libérer les captifs et les opprimés
- Annoncer la bonne nouvelle du royaume
- Publier une année de grâce

Bien aimé, tu cherches l'onction de Dieu pour quel motif ?

IV.   Enseigner l'homme à recevoir les instructions de Jésus

L'une des raisons pour laquelle le Saint-Esprit a été envoyé sur nous est de nous instruire. Pour cela, il doit :

- ★ Rétablir une communion parfaite entre Dieu et les hommes

Le défaut de l'homme a rompu la relation qui existait entre lui et son Père céleste. Or, pour que deux personnes puissent se comprendre et cheminer ensemble, ils doivent avoir des choses en commun. **Deux hommes marchent-ils ensemble, sans en être convenus ? (Amos 3:3).** Ce qui n'est pas le cas entre Dieu et son semblable. Car sa source de communion a été détruite par le péché. Et pour rétablir cette source, il fallait qu'il tisse des alliances avec les habitants de la terre ; une première alliance avec Israël son premier né et une seconde alliance avec toute l'humanité, grâce au sacrifice de Jésus. En effet, Dieu a envoyé son Esprit pour enseigner à tout le monde le fonctionnement de la relation qu'il veut entreprendre avec nous. C'est pourquoi, il a dit : **Je vous donnerai un cœur nouveau et je mettrai en vous un esprit nouveau ; j'ôterai de votre chair le cœur de pierre et je vous donnerai un cœur de chair. Je mettrai mon Esprit en vous et je ferai que vous suiviez mes prescriptions, et vous observerez et pratiquiez mes ordonnances (Ezéchiel 36:26-27).** En effet, la présence du Saint-Esprit provoque l'amour de Dieu dans notre vie. Et grâce à l'amour que nous éprouvons pour lui, on lui accorde le temps. Car, on passe plus de temps chez celui qu'on aime. Cet amour va permettre à Dieu de nous parler en tant que ses enfants. Puisque nous l'aimons, alors nous allons faire preuve de foi à pratiquer sa parole.

Mes bien-aimés frères et sœurs, personne ne peut se mettre à l'écoute de Dieu sans l'intervention du Saint-Esprit. Ainsi, cherchons le Saint-Esprit pour habiter pleinement dans nos cœurs et nous serions agréables aux yeux de Dieu et des hommes. Parce qu'il nous instruira sur ce que nous devons faire pour plaire à l'Éternel.

★ Convaincre l'homme à craindre Dieu

L'homme ne peut écouter Dieu sans le craindre. **La crainte de Dieu, c'est la haine du mal ; l'arrogance et l'orgueil, la voie du mal, et la bouche perverse, voilà ce que je hais (Proverbes 8:13).** Le Saint-Esprit nous permet de nous séparer du péché et de le haïr. En effet, l'Esprit de Dieu nous communique le don de discernement des esprits. Grâce à ce don, on arrive à détecter l'esprit qui échange avec le sien. Si l'esprit qui nous parle, nous pousse à commettre le mal, automatiquement, nous allons recevoir un signe venant de la part du Saint-Esprit pour nous convaincre d'éviter cette faute. La décision et les conséquences dépendent de l'individu en question. Par contre, si l'esprit qui nous parle nous incite à faire le bien, alors, c'est la voix de Dieu qui parle en nous. Le Saint-Esprit va toujours nous convaincre de quitter le monde en présentant son état actuel. Car, il n'y a rien de bon qui vient du monde. **Et quand il sera venu, il convaincra le monde en ce qui concerne le péché, la justice, et le jugement : en ce qui concerne le péché, parce qu'ils ne croient pas en moi; la justice, parce que je vais au Père, et que vous ne me verrez plus ; le jugement, parce que le prince de ce monde est jugé (Jean 16:8-11).** Aussi, le Saint-Esprit nous communique l'esprit de sagesse et d'intelligence pour que nous soyons plus instruit et d'acquérir de la prudence ; afin d'entendre et de connaître les sentences et les énigmes, les paroles des sages, et leurs discours profonds.

★ Instruire l'homme à être un témoin de Christ

Le souhait de Dieu pour tout le monde, c'est qu'il reçoive l'instruction. Car sans l'instruction, il n'y aura pas de repos. Dieu veut se faire connaître, et pour cela, il nous faut la connaissance. Grâce à sa parole, nous serions plus instruits. C'est pourquoi, il nous faut la parole de Dieu. Car, on ne peut pas parler de quelqu'un qu'on ne connaît pas. La personne la mieux placée pour nous parler de Jésus, c'est le Saint-Esprit. Il est le délégué des témoins de Christ. Un témoin de Christ est une personne qui porte les marques de Jésus sur son corps. Pour cela, **que personne désormais ne me fasse de la peine, car je porte sur mon corps les marques de Jésus (Galates 6:17).** La marque, c'est le signe qui marque la différence entre le témoin de Christ et celui qui ne l'est pas. Les marques de Jésus représentent pour le témoin un remède aux problèmes de l'humanité. **Parce que les plaies d'une blessure sont un remède pour le méchant; de même les coups qui pénètrent jusqu'au fond des entrailles (Proverbes 20:30).** Cette marque s'obtient le jour où le Saint-Esprit vient sur la vie d'un individu. **Mais vous recevrez une puissance, celle du Saint-Esprit survenant sur vous, et vous serez mes témoins (Actes 1:8).** La parole de Dieu est le tout de l'homme. Lorsque l'Esprit de l'Éternel vient sur la vie d'une personne, il sème l'amour de la parole sur son cœur. Parce qu'il veut travailler avec lui, en tant que le délégué chargé du témoignage de Jésus. Aussi, pour parfaire son travail avec l'individu, il se sert de la parole comme son instrument. Lors du témoignage, ceux qui arrivent à parler sont ceux qui ont écouté Dieu. Car, **le témoin menteur périra; mais l'homme qui écoute pourra toujours parler (Proverbes 21:28).** Celui qui reçoit l'instruction de son maître à le droit à la parole. Or, notre professeur, c'est le Saint-

Esprit. Ainsi, Jésus a dit : **J'ai encore beaucoup de choses à vous dire, mais vous ne pouvez pas les porter maintenant. Quand le consolateur sera venu, l'Esprit de vérité, il vous conduira dans toutes la vérité ; car il ne parlera pas de lui-même, mais il dira tout ce qu'il aura entendu, et il vous annoncera les choses à venir. Il me glorifiera, parce qu'il prendra de ce qui est à moi, et vous l'annoncera (Jean 16 :12-14).**

Mes bien-aimés frères et sœurs, pour être des véritables témoins de Christ, écoutez le Saint-Esprit et portez les marques de Jésus sur votre corps.

★ Convaincre l'homme de dire la vérité

La vérité, c'est le caractère juste de Dieu manifesté en parole et en esprit, représenté sous la forme d'une personne appelée Jésus et sous la forme d'un esprit appelé le Saint-Esprit. Dire la vérité, c'est montrer à son prochain le comportement de Dieu. Dire la vérité, c'est adorer Dieu en lui rendant hommage. La vérité est la seule clé qui peut nous garantir une liberté absolue. La parole est le chauffeur de la liberté et l'homme est le volant de la parole. En elle, se trouve la liberté; et la liberté d'une personne dépend de la vérité qu'il possède. Pour qu'une personne puisse dire la vérité, il faut qu'elle trouve sa demeure dans la parole de Dieu.

Si vous demeurez dans ma parole, vous êtes véritablement mes disciples. Et vous connaîtrez la vérité, et la vérité vous affranchira (Jean 8:31-32). Aussi, la vérité apporte la stabilité du cœur et nous permet d'établir une relation de confiance envers tout le monde. Elle fait de nous des hommes de valeur. Pour cela, il ne faut jamais avoir peur de dire la vérité. **Car nous n'avons aucune puissance contre la vérité, nous n'en avons que pour la vérité (2 Corinthiens 13:8).** En face de la vérité, le menteur perd sa langue et la terreur s'abat sur lui. Ce qui est à retenir de la vérité, c'est qu'elle ne se réjouit pas de la vengeance ; mais elle nous conduit à la repentance pour notre propre bien. Son fruit, c'est la paix du cœur. En plus, elle est la ceinture du croyant. C'est la force qui nous permet de marcher sur les serpents et sur les scorpions sans être éprouvée par la douleur. Désormais, tous les habitants de la terre connaîtront la liberté quand ils diront la vérité.

CONCLUSION

Le Saint-Esprit est l'assistant de base de l'homme. La réussite de notre passage sur la terre dépend de lui. Il se présente dans notre vie comme le consolateur, le bâtisseur et celui qui exhorte. Nul ne pourra accomplir la volonté de Dieu sans son intervention. Mes bien-aimés frères et sœurs, aujourd'hui, je vous exhorte de vive voix d'ambitionner le Saint-Esprit pour qu'il remplisse votre cœur. Car, c'est avec lui que notre âme va recevoir son attestation d'entrée au royaume de Dieu.

<u>**Conclusion générale**</u>

Dieu a trois aspects.

Son premier aspect, c'est son corps. A ce niveau, il se manifeste comme un souverain sacrificateur. Il n'a pas peur de donner ce qu'il a en sacrifice ; parce qu'il est amour. Et seul l'amour peut nous rendre victorieux en face de tous les adversaires. Aussi, en tant que premier dirigeant de l'homme, il utilise toujours sa puissance en première position pour défendre son peuple et assurer sa sécurité. Il s'est manifesté en Abraham comme le fondateur d'un peuple choisi et élu de Dieu ; en Saül comme le premier roi de son peuple, en Aaron comme le souverain sacrificateur.

Ensuite, l'aspect numéro deux de Dieu est son âme. La parole de Dieu est son âme ; c'est le Fils unique de Dieu. Il agit comme le sacrifice que le Père Dieu utilise pour accomplir sa volonté. Un Fils exemplaire qui obéit toujours à son père. Il s'est manifesté en Isaac comme le Fils unique de son Père ; en David comme le fils que son père préfère. Parce qu'il l'obéit et exécute ses desseins.

Enfin, le dernier aspect de Dieu, c'est sa tête. Le Saint-Esprit représente la tête de Dieu . C'est lui qui confirme ce que fait le Père par le Fils

I want morebooks!

Buy your books fast and straightforward online - at one of world's fastest growing online book stores! Environmentally sound due to Print-on-Demand technologies.

Buy your books online at
www.morebooks.shop

Achetez vos livres en ligne, vite et bien, sur l'une des librairies en ligne les plus performantes au monde!
En protégeant nos ressources et notre environnement grâce à l'impression à la demande.

La librairie en ligne pour acheter plus vite
www.morebooks.shop

Printed by Books on Demand GmbH, Norderstedt / Germany